目の前にある問題はもちろん、

人生の問いや、社会の課題を自ら見つけ、

挑み続けるために、人は学ぶ。

「学び」で、少しずつ世界は変えてゆける。

いつでも、どこでも、誰でも、

学ぶことができる世の中へ。

旺文社

学校では
教えてくれない
大切なこと 47

すぐに役立つ
一生モノの勉強法

マンガ・イラスト オオタヤスシ

旺文社

はじめに

テストで１００点を取ったらうれしいですね。先生も家族もほめてくれます。でも、世の中のできごとは学校でのテストとは違って、正解が1つではなかったり、何が正解なのかが決められないことが多いのです。

「私はプレゼントには花が良いと思う」「ぼくは本が良いと思う」。どちらが正解ですか。どちらも正解。そして、どちらも不正解という場合もありますね。

山登りで仲間がケガをして動けない。こんなときは「動ける自分が方位磁石にしたがって下りてみる」「自分もこのまま動かずに救助を待つ」。どちらが正解でしょう。状況によって正解は変わります。命に関わることですから慎重に判断しなくてはなりません。

このように、１００点にもなり0点にもなりうる問題が日々あふれているのが世の中です。そこで自信をもって生きていくには、自分でとことん考え、そ

のときの自分にとっての正解が何かを判断していく力が必要になります。

本シリーズでは、自分のことや相手のことを知る大切さと、世の中のさまざまな仕組みがマンガで楽しく描かれています。読み終わったときには「考えるって楽しい!」「わかるってうれしい!」と思えるようになっているでしょう。

本書のテーマは「すぐに役立つ一生モノの勉強法」です。皆さんは、勉強が好きな人だけが勉強が得意なんだ、と思っていませんか。実は、勉強はやり方次第でぐんぐんと得意になるものなのです。そして、本当に役に立つ勉強法は小学生のときだけでなく、大人になってもずっと使えます。勉強が好きじゃない、得意じゃないよ、という人にこそ、この本をおすすめします。やる気? 能力? いや、勉強法!

旺文社

もくじ

3章 ぴったりがあるかな？ タイプ別の勉強法

スタッフ
●編集協力
福岡千穂
●装丁・本文デザイン
木下春圭
菅野祥恵（株式会社ウエイド）
●装丁・本文イラスト
オオタヤスシ
(Hitoricco Graphic Service)
●校正
株式会社ぷれす

する仲間たち

日比家の人たち

日比ツトム

- 小学４年生。
- 勉強はあまり好きではなく，算数が苦手。
- 好きなことは，給食と，友だちと遊ぶこと。

お父さん・お母さん

- お父さんは仕事でも趣味の筋トレでも研究熱心。
- お母さんの日々のやる気はアイドルの「推し活」から。
- 二人とも算数が苦手。

ツトムのクラスメート

千里いちほ

- コツコツがんばる努力家。
- 実は意外な趣味が…？

今はじめ

- ツトムの親友。
- 新しいもの好き，タイパ・コスパにこだわる。

この本に登場

学習アプリ

ビバ

- ことりが使っている学習アプリのキャラクター。
- 大きな前歯が自慢のビーバー。マービィのライバル。

マービィ

- ツトムが使っている学習アプリのキャラクター。
- ちょっとポンコツなリス。

？

- マービィの開発者でありボス。

飯戸ことり

- 食べることが大好き。
- 勉強が得意でツトムたちのライバル。

氷根くらら

- 人と同じことはしたくない個性派。
- 絵をかくことやアート鑑賞が好き。

ついに…最強のアプリが完成したぞ！
とけい
カメラ
せってい
トリッター
マービィ
トーク
ヘイ！マービィ！
ニョキ
？
せってい
トリッター
マービィ
トーク
起きろ！アプリをリリースだ！ナンバー1アプリを目指すぞ！
？
ツトムの家
あ〜あ…。
算数テスト
40
100
ツトム、次、がんばろうか…。
肉
ツトムのお父さん

テストでまちがったところ、教えて！
ササッ
お、お母さん文系だから…。
ツトムのお母さん
お、このアプリを使ってみたら？
勉強がわかる!!
勉強アプリ マービィ
ダウンロード
へえ〜、面白そう！
さっそくダウンロードっと！
ポチ
起動の合図は…。
〝ヘイ！マービィ〟
スポーン
マービィ!!
何か出てきた！
ち〜す
フワ
フワ
ってかねてるけど…。
大丈夫か？
あら、かわいいリスね！
んが—…
フワ
フワ

マービィの便利ツールカタログ

勉強スパイグラス

友だちの勉強の様子が見える。

代筆さん 有料

代理で上手な文章を書いてくれる。

なりきりマスク

俳優やアナウンサーになりきって朗読できる。

フォーカスメガネ 有料

かけると，今やるべきことしか見えなくなる。

親の言葉マイルド変換イヤフォン

キツ〜い親の言葉がマイルドな
言い方に変わって聞こえる。

記憶ペン 有料

ペンが漢字や九九などを
記憶してくれる。

巻きもどしえんぴつ

まちがった答えを書くと，
その前のところまでもどる。

整理整頓ルーム

何をどの順番でやればいいのか
整理してくれる。

へえ、すごいじゃん！
何か出してみてよ！
どれどれ…
マービイカタログ
ガードレンジャー
フフフ…
いいお客になりそうだ…。
スチャッ
お客様にぴったりのツールを出すために、
まずは勉強で困ってることを聞かせて。
ハイ！ 算数のテストでここがわからなかったんだ。教えて！
サッ
算数テスト
40/100
いや、ちょっと待って…。
え～っと
難しいなこれは…
わからないの？学習アプリなのに？
ふむ…。
しばらく様子を見るか…。

1章

やる気？能力？いや，勉強法！

どんなふうに勉強してる？

ツトムのへや

いつも、どんな勉強法で勉強してるの？

…勉強法って？

勉強のやり方のことだよ。

昨日、どんなふうに勉強した？

えーっと…勉強…したかな…？

なんだそれ…。

仕方ないなあ…。

モゴモゴ

何してんの？

バーーン

ふり返りシアター！！

COMING SOON

公開予定

過去の自分の行動を映画のようにふり返ることができるのだ！

さっそく
上映開始
しま～す！
ブー…
ある日のツトム
おっ、勉強してる！
ぼく、えらい！
きったねー
机！
ぐちゃ…
算数
マンガ
散らかり
すぎだろこれ…。
プリントどこいった!?
アセ
アセ
ツトム～～。
ギャハハハハ
あら、
えらいわネ。
サッ
なるほど…。
これがツトムの
ふだんの勉強の
やり方ね…。

こんなふうに勉強してないかな？

チラチラとマンガを読みながらダラダラやる。

早く終わらせることだけ考えて適当にやる。

丸つけで満足し，まちがえた問題を見直さない。

何も考えずに，ただ漢字や教科書を書き写す。

ノートをきれいにデコることだけに気を取られる。

これらのやり方では，勉強の内容が身につきにくいよ。もっといい勉強の方法を，この本で知っていこう！

さらにある日のツトム
オーイ
いや、前の日、宿題が終わらなくてさ。
んがー…
でも、なんとか間に合ったからね！
アセアセ
ジャーーン
おわり
終
THE END
ぼく、けっこう勉強してたでしょ？
んがー…
…ってねてるし！
起きろこらー！
グラグラ
ドン
バチが当たった！
ドドド
おわー！
プ

やるべきことを整理しよう

はじめの家

なんだコレ…。

はじめ
（ツトムの親友）

マービィ。
アプリから
出てきたんだ。

よろしく～。

リス？

今日の宿題は計算ドリル、
あさってまでに
漢字の書き取り…
作文はいつまでだっけ…。

こんなの3分で
終わるよ！
よーいドン！

10分後

んが～

ギャハハハ

しょーが
ないいな…。

よし！
いいもの出して
あげるから、
アプリの高評価
ヨロシク！

モゴ

モゴ

整理整頓ルーム！

バーン

ドン

整理整頓

何をどの順番でやれば
いいのか整理してくれるのだ！

やってみた〜い!
お一人様用です!
じゃんけんでお決めください!
チェッ
じゃんけんぽん!
はじめ
ツトム
勝ったぜ!じゃ、お先に!
くっくそ〜!
いってらっしゃ〜い
質問です。やらなきゃいけないことは?
計算ドリルと漢字の書き取りと作文!
いつまで?量は?
計算ドリルは明日までで…。
ツトムと遊びたいし…。
おお!
ジジジジ…
ケッカハコチラ↓
1. 今日の宿題
計算ドリル
2. あさってまでの宿題
漢字の書き取り
3. 来週月曜までの宿題
作文
宿題が終わったら
ツトムと遊べ!!
バーーン
1 計算ドリル
2 漢字の書き取り
3 作文
4 ツトムと遊ぶ
立入禁止
え?どれか選ぶの?

開かない！
ガチャガチャ
ここも！
ここもだ！
あっ！開いた。
バッ
計算ドリル
漢字の
文
机があるぞ…。なんだ？
計算ドリル？
計算ドリル
ゲッ！立ち上がれない！
まさか、終わるまで動けないの!?
やるしかないのか～！
はじめ、まだかな～。
ファアアァ…
整理整頓
ZZZ…

やることの順番を決めよう

宿題などがたくさんあるときは，どんな順番で取り組めばいいか考えて，優先順位をつけよう。次のオキテを参考にしてね。

オキテ1 やることを全部書き出す！

- 宿題・習いごとの練習などの**「やらなきゃいけないこと」**を書き出す。**「いつまでに」**も書こう。
- 遊び・趣味などの**「やりたいこと」**も書き出そう。

オキテ2 「やらなきゃいけないこと」が先！

宿題などの，絶対にやらなきゃいけないことを終わらせてから，遊びや趣味などをしよう。

オキテ3 「いつまでに」の早いものから取りかかれ！

宿題などの課題は，期限の近いものから始めよう。

まとめてだと大変。ちょっとずつならできる

やるべきことがたくさんあるときにはどうしたらいいかな？
ヒントを紹介するよ。

ヒント 1 一気にまとめてやるのは大変。コツコツ・少しずつ取り組むほうがラク。

ヒント 2 1回でする量は，無理せずできそうな量にする。

ヒント 3 時間がかかりそうなものは，早めに始める。

例 40ページのドリルを夏休み中にする場合

✕ 一気にやろうとすると…

1日10ページやれば4日で終わるから、8月の終わりからでいいや。

○ 少しずつ取り組むと…

1日2ページずつ、20日で終わらせるぞ！

夏休み最終日

終わらない…。

夏休み最終日

よし！
終わったぞ。
1
ガチャガチャ
あれ？
開かない？
1
おーい！
出してくれー！
整理整頓
ガチャガチャ
あれ？
こわれちゃったのかな？
開かないぞ！
どうした!?
う～ん、評価低いなー。
なんとかしないと…。
マービィ
レビュー
ポンコツすぎ
道具がポンコツすぎ
使いにくい。
リスがかわいくない
ガシャーン!!
あ、また
ツールを
こわしやがって！

お母さん＆お父さんの推し活ライフ

大人になっても勉強するの〜？
ムン
好きなアイドルの曲の意味をちゃんとわかって歌いたいからよ。
好きなことだから楽しいよ！仕事もがんばれるし…。
うおぉぉぉぉぉぉ
カタ
カタカタ
カタカタカタ
カタカタカタ
週末のライブまでに終わらせる！
アタマの体操にもなる！
通勤中
暗記カード
推しの好きな食べ物は…サムギョプサル！
……。
キャー
イサマー
むん
テレビ
TV
夢中になれるものがあるって、いいね…。
そうだね…。

集中できる時間はけっこう短い

はじめの家

昨日は大変だったな…。

マービィの道具のせいで…。

ガシャン!!

マービィは家に置いてきたよ。

よし! 今日こそ、早く宿題をやって遊ぼう!

10分後

ギャハハハハ

んが～

…。

ギャース!

相変わらず集中できてないね～。
なんでいるんだよ!?
呼んでないけど！
昨日のおわびに役立つ情報を教えようと思ってさ。
集中に役立つのはこれだ！
00:00
このキッチンタイマーみたいなものは…？
みたいな、じゃなくてキッチンタイマーですけど…。
なんだよそれ…。
す～ん
つまんね…。
また、おこられる展開だぞ、これは…。
アプリの評価は上がってないし、ツールもこわして！
ちょっと聞いてくれい！
聞いてるか～！
集中のポイントは、区切ること！
す～ん
す～ん

「区切って」集中力アップ

「10分だけやる」「2ページだけやる」などの区切りをつけると，集中力が高まるよ。

時間を区切ろう

制限時間があるほうが集中できる。勉強を始める前に，5分・10分・15分などの時間を決めて，タイマーで時間を区切って取り組んでみよう。

この5分間は集中して漢字を覚える！
人が集中できる時間は意外に短くて，15分くらいといわれているよ。

量を区切ろう

量の目標があるほうが，集中力が増すよ。「今日はドリルを◯ページ終わらせる」など，勉強する前に量を決めて，やりきることを目指そう。

今日は無理せずドリルを1問だけやろうかな。
もうちょっとがんばってみてもいいんだよ？

✖よくない例 ※16ページも見てね！

- **チラチラとマンガを読みながらダラダラやる。**
  ➡同時に2つのことをすると，どちらも中途半端になりがち。
- **早く終わらせることだけ考えて適当にやる。**
  ➡早く終わっても，内容が頭に入らない。

この勉強法はダメだったのか～。

集中しようと思っても、いつの間にか別のこと考えちゃうんだよね。
じゃあ…ちょっとだけ集中を体験してみる？
フォーカスメガネー！
これをかけると、今やるべきことしか見えなくなるから、バッチリ集中できるのだ！
実際の様子
フォーカスメガネをかけたら…
宿題
マンガ
宿題
おかし
宿題しか見えない！
すごーい！
バリ
バリ
バリ
バリ
バリ
まともな道具も持ってるんだね！
どや
スチャッ
おっと、無料で使えるのは5分だけ。ここから先は有料です。
えーー！ケチ！

まちがうことがわかるにつながる

テストを返しまーす。

すごい！100点！

さすがいちほちゃん！

100/100

(1) 給食のおかわりを争う。

(2) おかわりしすぎて胃がもたれ

ツトムくんは？

えへへ…。

あ～ここおしかったね。

未

来

下を長く！

優しいぜいちほちゃん♡

ウフフ♡

ここ、迷ったから微妙な長さで書いておいたんだけど…。
もしかしたら先生がオマケしてくれるかなって思って。
何それ？ちょっと見せて！
こっちも自信がないからうす〜く書いたんだよ。
うすすぎて読めないぞ…。
歴
れき
史
情けないわね…。
自分の思う通りにハッキリ書けばいいじゃない！
バッ
ここ、よくわからなかったから多めに書いといたの。
照
て
さすがに多すぎでしょ…。
点は4つ!!
れる
まちがうときは、堂々と！
どやっ
なんなんだ、あの自信は？
くららちゃん、かっこいい…。

まちがいは次に生かせる

まちがうことは，あって当たり前。いつも完璧じゃなくてOKだよ。まちがうのは，「わかる」の一歩手前だよ。

- 問題を解くときにわからなかったところは，「？」マークをつけておいて，家の人や先生や友だちに聞く。
  ➡次に同じ問題を解くとき，できるようになる。

- 迷ったところをあいまいにしない。
  ➡印象に残り，正しい内容を記憶しやすくなる。

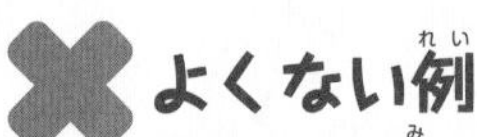

※16ページも見てね！

- 丸つけで満足し，まちがえた問題を見直さない。
  ➡放っておくと，次もできるようにならない。

今日のカレーおいしかったな〜。
おかわりしたかったよな〜。
ん？
ガサゴソ
マービィ！
ポリポリ
エヘヘ、ついてきちゃった。
なんなの？このリス！
アプリのマービィです。ヨロシク〜。
サッ
あ、ツトムが好きな子って…ムグ！
ははは こいつ、ちょっとバグってんのよ！
余計なこと言うな！
？
んー!!

みんなの好きなことは？

くららって、絵が上手だよね！
コンクールで入選してたね。
小さいころからお絵かきが好きだったの。
ばぶー
みんなも好きなことあるでしょ？
サッカー！オレも！
音楽きくのも好き♪
動画見るのも好きだなー。
いちほちゃんの好きなことは？
えーっと…。

ほ、本を読むことかな～。
読書か、いちほちゃんらしい！
キュン
ブ～ン
ブ～ン
ぎゃーー！
変な虫！
ブ～ン
ブ～ン
しゃたしゃた
え!?
これはカナブンよ！キラキラしてとてもきれい…。
ウフフ♥
いちほちゃん、虫が好きだったんだ…。
実はそうなの。
かわいいでしょ♥
ひっ
かいとくか!!
サッ

ノートは、明日のためのもの

で、アプリの調子はどうよ？

えーと…。

あちゃー、評価が全然よくなってないよ。

マービィ

レビュー

道具がポン

使いにくく

リスが

このままだと、ちょっと厳しいなあ…。

そんな！

もっとがんばりますので！

何か、いい案はあるの？

えーと…。

ヤレヤレ…企画ポイント打ち合わせよっか

アプリの人気が出るような方法を考えて、企画書を出してくれる？

ツトムの家
よし、企画書を書いちゃうよ！
ただいま〜。
おっ！マービィも勉強？
あれ…？
あれ…？
これじゃあ企画書が書けない〜！
ノートの取り方のコツってあるの？
きたなくて自分でも読めない…
…マービィのノートもひどいね…。
何語それ？
ノート

役立つノートの使い方

ノートを取るのは，あとで自分が見返して勉強に役立てるためだよ。
あとで見るときにわかりやすくなるポイントを紹介するよ。

日付・単元名などを入れよう。

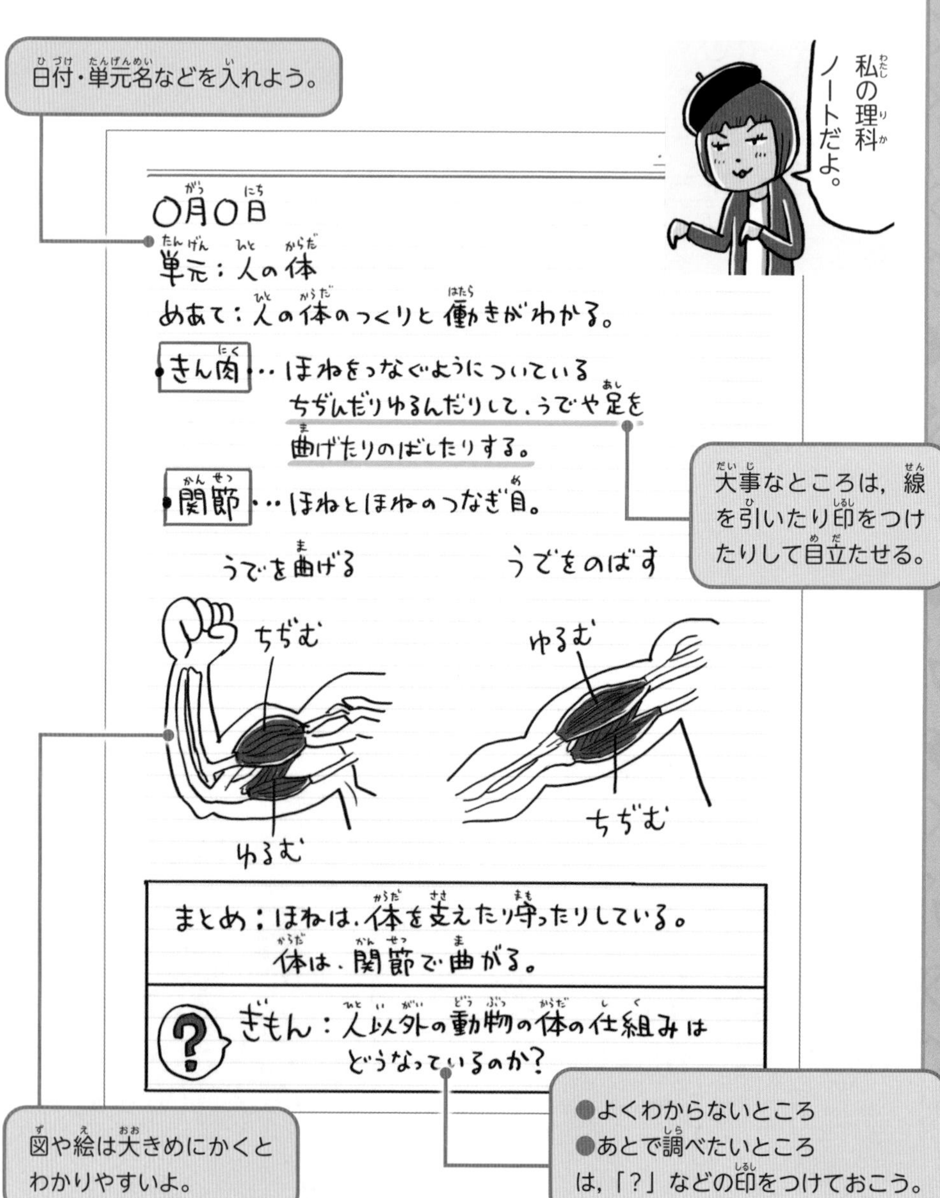

私の理科ノートだよ。
○月○日
単元：人の体
めあて：人の体のつくりと働きがわかる。
きん肉…ほねをつなぐようについている
ちぢんだりゆるんだりして，うでや足を
曲げたりのばしたりする。
関節…ほねとほねのつなぎ目。
うでを曲げる
うでをのばす
ちぢむ
ゆるむ
ゆるむ
ちぢむ
まとめ：ほねは，体を支えたり守ったりしている。
体は，関節で曲がる。
ぎもん：人以外の動物の体の仕組みは
どうなっているのか？

大事なところは，線を引いたり印をつけたりして目立たせる。

図や絵は大きめにかくとわかりやすいよ。

●よくわからないところ
●あとで調べたいところ
は，「？」などの印をつけておこう。

✖ よくない例

※ 16ページも見てね！

- 何も考えずに，ただ漢字や教科書を書き写す。
- ノートをきれいにデコることだけに気を取られる。

自分の言葉で考えて書くことが大事なんだね。
ただ白いところをうめればいいわけじゃないんだね。
ノート

私の漢字ノートよ。

色分けはシンプルに。
色数が多すぎると大事なところがわからなくなるよ。

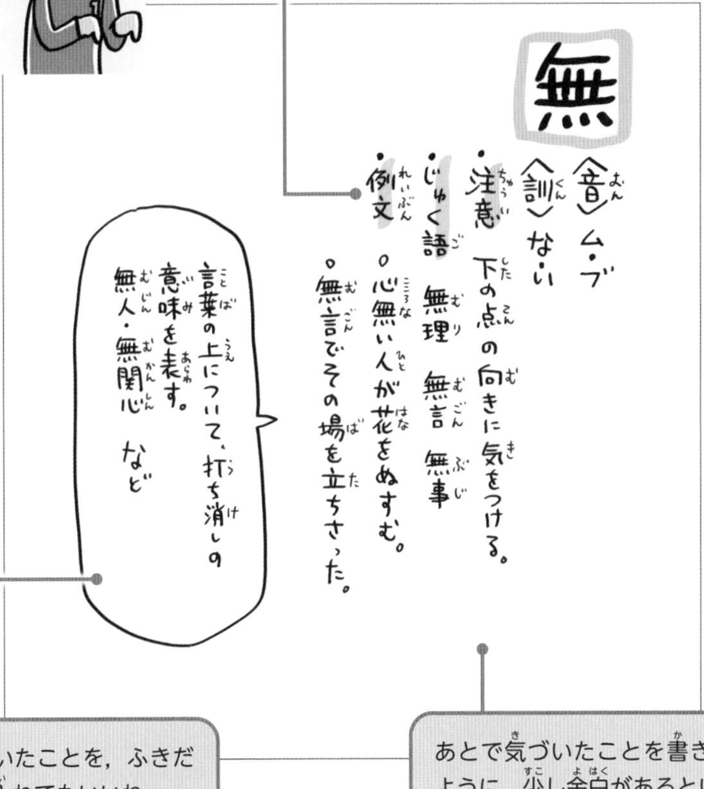

無

〈音〉ム・ブ
〈訓〉ない
・注意 下の点の向きに気をつける。
・じゅく語 無理 無言 無事
・例文 ○心無い人が花をぬすむ。
○無言でその場を立ちさった。

言葉の上について，打ち消しの意味を表す。
無人・無関心 など

気づいたことを，ふきだしで入れてもいいね。

あとで気づいたことを書きこめるように，少し余白があるといいね。

シールやふせんを活用しよう

いろいろな工夫でノート作りを楽しもう。

重要ポイントなどに，シールをはってわかりやすくする。

ポイント!

あとで調べたいことがあるページにふせんをつけておく。

要チェック!!

やる気が出るようなハンコを押す。友だちとハンコを押し合う。

合格
あと一歩

授業で配られたプリントや小テストをはっておき，見返せるようにしておく。

80/100
漢字テスト
のり

色分けなど、自分なりのルールを作って使うといいのね。
かわいいからって使いすぎると、ごちゃごちゃしちゃう！
ノート

マービィのプロフィール

好きな食べ物
- 木の実（どんぐり，くるみ）
- ツトムのお母さん特製サンドイッチ

チャームポイント
- ぷっくりしたほっぺ
- かわいい前歯

好きなこと
- 木登り
- どんぐり集め

苦手なもの
- ヘビ

弱点 忘れっぽい。

特技 いつでもどこでもねられる。

くせ ほっぺのふくろになんでも入れてしまう。

やる気が出ないときはどうする？

実は相談が…。

ん？なになに？

♪

やる気が出ない。

はあああああああ…

やる気メーター
今のやる気を測定できるのだ！

100

50

あちゃー…

そんなときは…。

とりあえず開く！
問題集とノート！

とりあえず書く！
ノートに日付！

YO!

RAP

勢いでなんとかしようと思ってない？
Yo! Yo!
なんかチャラいんだけど…
ちょっとだけやってみるか…。
ヤルキ
100
50
よし！
ツトム〜！何時だと思ってるのよ。宿題、早くしちゃいなさいよ！
ビクッ
キーッ！
今やろうと思ってたのに〜！
ヤルキ
100
50
0
-50
じゃあこれ！
親の言葉マイルド変換イヤフォン
イラッとする親の言葉をマイルドな口調に変えてくれるのだ！
宿題が終わってから遊びなさい。
プンプン
宿題終わったルン？

ガミガミ
ガミガミ
ガミ
ガミ
ガミ
ガミ
ガミ
取りかかりがおそいんだからラ・ラン♪
いつもギリギリなんだからルン♪
おっ
わっ
わかったラ〜ン♪すぐに宿題やるルンよ〜♪
なによルンルンって…。
やる気が出たみたい!!
宿題終わったルンよ〜♪
やればできルン♪
がんばったね！今日はハンバーグよルンルン♪
なんだそのしゃべり方…。
ルン？

やる気がないときにできること

気分には波があるから，やる気が出ないときがあって当たり前。「勉強する気になれない…」と思うときでも，始めてみると，意外にやる気が出てくることもあるよ。次の＜できること＞を参考に，まずは5分，トライしてみよう！

できること1

勉強を始めるときのルーティーンを決めておこう。その動作をするうちに自然とやる気が出てくるかもしれない。

例 えんぴつをけずる／ノートと問題集を開く／ノートに日付を書く／問題文を音読する　など。

できること2

自分なりの気分を上げる方法や，気分転換の方法を見つけておこう。

例 目標を思い出す／ねむくなったら席を立って1曲歌う／おどる　など。

できること3

いつもとちがう勉強のやり方を試してみよう。

例 部屋・場所を変えてみる（自分の部屋ではなくリビング，図書館など）／座らずに立ってやってみる　など。

マービィ開発者の正体は…？

今日は、学習アプリ・マービィの開発会社におじゃましていまーす。
『リスがかわいい』と、小学生の間でひそかなブームになっているとか…。
社長にお話を聞いてみましょう。
ううう…。
うおおおおお
とうとう取材される日が来たか！
泣いてる…？
ご存じの通り、おれはユーチューバーとして活躍していたんだが…。
くるっ
そうなんですか？
バッ
これを読んでいないのか！今すぐ読めーい！
勉強は役に立つ

※『学校では教えてくれない大切なこと 40 勉強は役に立つ』

ユーチューバー時代はそこそこ人気が出たが…
チャラポンピ〜
イエーイ！今日はみかんの皮でみかん風呂に入ってみた！
競争相手も多く…
チャラポンチャンネル
登録者数 4950人
みかんの皮でみかん風呂に入ってみた
チャンネル登録者数また減ってる…。
転職を決意！
ドッパーン
アプリ開発者を目指そう！
学習アプリを作るのだ！
おお、もうかりそ…
いや、子どもたちの役に立つアプリを作るぞ！
…で、大人気アプリ、マービィが生まれたわけです！
どヤ
つまり、パッとしなかったから一発逆転を目指したと。
エピソードがいまいちだったので、放送はしないかも…。
ボソ…
え!?

はじめのコスパ＆タイパ術

その1

買い物は，お得なほうを見極める！

その2

動画を倍速で見ながら，マンガを同時に読んじゃう！

その3

近道を探求し，常に最短コースで移動！

※「コスパ」は「コストパフォーマンス」の略。かけたお金（コスト）に対する効果。安い費用で高い効果が得られることを「コスパがいい」というよ。「タイパ」は「タイムパフォーマンス」の略。かけた時間に対する効果。短時間で高い効果が得られることを「タイパがいい」というよ。

2章

いろいろな勉強の仕方を見てみよう

なんだろう？が勉強の始まり

班ごとに、取材するお店を決めよう。

社会

地域のお店を調べて発表しよう

ラーメン屋さんがいい！

賛成！

何か食べられるかも♥

どれくらいもうかるのかな？

なんで冷やし中華は夏だけなのかな？

何がいちばん売れるのかな？

どのくらい修業するのかな？

ラーメンの学校ってあるのかな？

ジーー…

いちほちゃんは何を書いてるんだ？

あやしい…

まとめたよ！
取材の準備はばっちりだね。
★聞くこと
・なぜラーメン店を開こうと思ったのか？
・どのくらい修業したか？
・どうやってメニューや値段を決めるの？
・いちばん人気のメニューは？
・ラーメン店の仕事の大変なところ
・ラーメン店の仕事の楽しいところは？
取材の日
よろしくお願いしまーす。
らあめん らっしゃいや
らっしゃい！
よろしくね！
えーっと…。
これはなんですか？何に使うの？
あれはなんですか？
あの機械は何？
いいにおい！なんのにおいですか？
わいわい
わいわい
くんくん
あっ！
ポロ
おっと落ちたよ。
おお！これも聞こうよ！
しつもん
ラーメンの「ラー」って何？
・どうやって作るの？
・スープの中
いろいろ質問がうかんできちゃって…。トマラナイ…。

「拉」の字には、「引っ張る」などの意味があるよ。「麺」は、小麦粉で作った食べ物のことだよ。
小麦粉で作った食べ物
麺
「麦」は小麦などの穀物を表す。
引っ張る・押しつぶす
拉
「扌」は手を表す。
へえ～！
とんこつラーメンの「とん」は「豚」で「とんかつ」の「とん」だよー。
なるほど～。
このタレはなんだろう？おいしそう！
ちょいと味見を♪
ペロッ
ゴウ
ひー！
それは激辛ラーメンのタレだよ…。
勝手になめちゃダメだよ

「なぜ」「なんだろう」を大事にしよう

「なぜ？」と疑問を持つことが，新しい発見につながるよ。すぐに答えが見つからなくてもいいから，「なぜ？」と思うことを大事にしよう。自分なりに調べると，なおいいね。

ラーメンの「ラー」って何？
・なぜ魚はおぼれないの？
・なんでシュークリームはおいしいの？
…

調べ方のポイント

1 調べる前に，まず自分で考えてみよう。

2 本やインターネットで調べよう。

3 まわりの人に聞いたり，調べたことを話したりしてみよう。

例 なぜ，魚はおぼれないのかな？

なぜ水の中で息ができるの？それともずっと息を止めてるの？
水の中に空気があるのかな？
①

なるほど
フムフム…
魚のずかん
②

魚はえら呼吸なんだって！
人間とちがって，魚は陸上では息ができないんだよ。
③

情報が古かったり正しくなかったりする場合があるので，できるだけ複数の情報を見てみよう。
いちほの兄

身のまわりには勉強の材料がいっぱい

おっ

セルフレジ

から〜

お会計は機械がやってくれるから、計算できなくてもいいよね。

いや、計算は必要なんだ。例えばスープに使う玉ねぎの量とか…。

1日5個使う。
➡1週間で，5個×7日＝35個
➡1か月だと，5個×約30日＝約150個だな…。

そういえば…。

卵は1日20個使うから
1週間で20個×7日＝140個。
10個入りを14パック
仕入れるはずが…。

140パック注文しちゃったこともある…。

それは単なるうっかりでは？

うわぁ

あぁあぁあ

日常生活で役立つ，算数

友だちとお菓子を分けるとき，1人何個食べられるかわかる。

割り算

クッキーが12個。
4人で分けると，1人3個ずつね。

予算内で遠足のお菓子が買える。

足し算・引き算

200円のチョコを買うと
予算オーバーだから，
100円のグミにしよう！

予算500円
・ポテチ150円
・ガム150円
・ラムネ100円
・グミ100円

ぎょうざを1人10個ずつ食べるには全部で何個必要かわかる。

かけ算

うちは4人家族だから，
10個×4人＝40個必要！

お年玉を全部でいくらもらったかがわかる。

大きな数の足し算

5000円＋3000円＋3000円
＝1万1000円！

ラーメン屋さんの仕事に算数は必要なのか…。
フムフム
ほかに役に立っている教科はありますか？
やらなくてもいい勉強ってありますか？
ないよ。
そうだねえ。例えば社会も役立っているよ。
野菜の産地を知っていれば、そこからいい食材を仕入れられるでしょ？
北海道
タマネギ
群馬
キャベツ
青森
ニンニク
宮崎
ピーマン
高知
ニラ
ん？
だし用
これ「だし用」って書いてあるけど野菜のゴミが入ってるよ？
あ、野菜の皮はだしを取るのに使うんだ。
だし用
ゴミじゃないよ
無駄を出さない工夫だよ。
次のページをチェック!!
サッ

日常生活で役立つ，社会

ゴミのリサイクルにくわしくなると，無駄を出さず，
環境に優しい生活ができる。

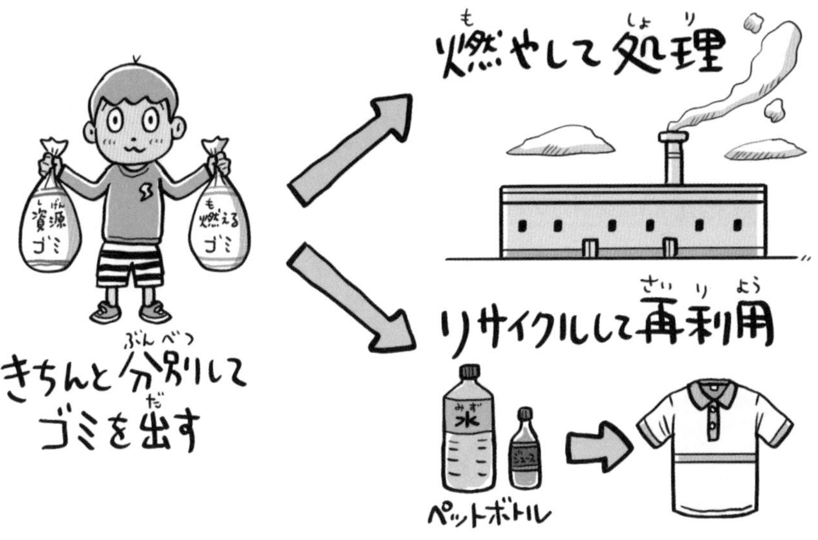

地震や水害などの自然災害について知り，適切な備えができる。

地図の見方を学べば，スムーズに目的地へ行ける。

新商品の「激辛ラーメン」を試作中なんだよ。味見する？
からいよ～
結構です！
さっきのアレ？
かっこいい名前をつけたいんだけど…。
こんなのどうかな？
○からいラーメン
○すごくからいラーメン！
○ものすごくからいラーメン！
○とってもからいラーメン！
フ…普通だな。
語彙力のなさが店長の弱点ね。
「からい」を別の言葉で言ってみるといいんじゃない？例えば…。
口からファイヤーラーメン！
あちっ
暖房いらずコスパ最高ラーメン！
じごくラーメン！
ダイエットできるラーメン！
みんな、国語の力があるね。
あつい
あつい
ゴウ

Which one would you recommend? Tonkotsu? Shoyu?
(何がおすすめですか？ とんこつ？ しょうゆ？)
何て言ってるの？
あわ あわ あわ あわ
そういえば昨日、英語でラーメンのことを聞かれて困ったよ。
ラーメン屋さんの仕事には英語も必要なのか…。
その夜
今日は充実した取材になったな…
あれ？
ノートが入れかわっちゃった！
いちほのぎもんノート
何これ～！
㊙ラーメン日誌！
Vol.5

算数が得意になるヒント1

長さや重さをはかろう

身近なものの長さや重さなどをはかってみよう。
それを使って，いろいろなものの長さや重さなどの見当がつけられるよ。

長さ

手のひらをいっぱいに開いたときの，小指から親指までの長さをはかる。

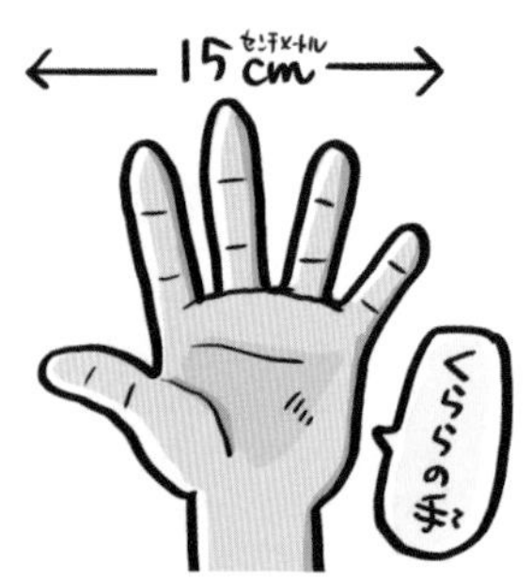

15cm
くららの手

このリボンは、手のひら2つ分くらいだから、約30㎝ね。

重さ

身近にあるものを手に持って重さを比べ，軽い（重い）と思う順に並べてみよう。そのあと，はかりではかってみよう。
<卵・りんご・じゃがいも・バナナ　など>

りんごがいちばん重そうだな。

<１個の重さの例>

卵…約70g
じゃがいも…約100g
バナナ…約150g
りんご…約300g
※サイズによって重さは変わります。

こんな力がつく!

- いろいろなものの単位に強くなる
- 長さや重さの感覚がつかめる

算数が得意になるヒント2

値引き後はいくら？

スーパーマーケットなどのお店で，値引きのシールに注目してみよう。
支はらう値段はいくらになるかな？

500円の2割は，500円×0.2＝**100円**だから，
500円の**2割引**＝500円－100円＝**400円**
もとの値段より**100円安い！**

50％オフ＝もとの値段×0.5だけ安くなる
2000円×0.5=**1000円**
もとの値段より**1000円安い！**

50％オフ＝**半額**だから，
2000円÷2＝1000円でも計算できるね。

こんな力がつく！

- 式を考える力
- 暗算する力

寝不足・腹ペコじゃ勉強できない

ギャハハハハハ

こっち向いて

T様!!

もうこんな時間!

ガバッ

はっ

ガバッ

遅刻しちゃう〜! 朝ごはんいらない!

んぼーー…

ツトムくん!

ガタッ

は、はい!

キーンコーン
カーンコーン
やっと給食だ～。
ふわ～…
やった！今日は揚げパンだ！
揚げパンが残ってるよ。おかわりしたい人～？
はーい！
じゃーんけーん、
ぽん！
イエス！揚げパンいただき！
バッ
また、ことりの勝ちか。
揚げパンは月イチの楽しみなのに…
ことり、じゃんけん強いよなー。
全然勝てないな。
なぜ…
揚げパンうままーー!!

睡眠と頭の働きの関係

小学生に必要な睡眠時間は1日9～10時間といわれているよ。睡眠時間が足りないと，集中力や，やる気が低下してしまうんだ。夜ふかしすると，朝起きにくく夜ねむりにくい悪循環になりがちだよ。

睡眠のリズムを整えて，ぐっすりねむるためには…

- ねる前にスマホを見ない，ゲームをしない。
  ➡頭が興奮して，ねむれなかったり，ねむりが浅くなったりするよ。
- 早起きして，朝日を浴びよう。
  ➡日の光を浴びることで，体も頭も目覚めるよ。

食事と頭の働きの関係

おなかがすいていると集中できないし，栄養が不足すると体も頭もうまく働かないよ。しっかり勉強するには，きちんと食事をとることが大切だよ。

●朝ごはんを食べないと…

・脳のエネルギー源になるブドウ糖が不足して，集中力や記憶力の低下につながる。

・生活のリズムが乱れることにつながる。

朝ごはん
食べなかったから…。
ゴウウウ
PC

●夜おそくに食べすぎると…

ねる前にたくさん食べると，よくねむれなかったり，次の日の朝ごはんが食べられなかったりする。

●勉強中などにおなかがすいて集中できないときは，次のようなおやつがおすすめ。

ブドウ糖を補給

ラムネ・チョコレート・ドライフルーツ　など。

かむことで集中力アップ

ガム・グミ　など。

キーンコーン
カーンコーン
おかわり、じゃんけん以外の方法で決めたらどうかな？
そうだ、漢字の小テストの点数で決めるのは？
班別対抗にしようよ！いちほちゃんがいるし、勝てるかも！
おお!!
学級会
…ということで、班別の小テスト対決で、おかわり権を決めることを提案します！
小テスト対決
賛成！
いいんじゃない？
やる気になってえらいぞ！
やったぞ、ツトム！
揚げパンもヨーグルトもいただきだ!!
んが～…
揚げパン…おいしいです…はい…
目が開いてるぜ…
ねてやがるぜ…。

漢字だけじゃなくて、算数の小テストも入れようよ。
楽勝よ!!
い、いいけど…。
ホントはよくないけど…
くっそー。あの自信はなんなんだよ。
おかわり権争奪！ 小テストマラソン
・班別対抗で、漢字・算数の小テストの成績が1位の班が次の月のおかわり権をゲット。
・テストは全4回。テストは漢字10問，算数10問で各10点満点。
・1クラス32名で4人×8班。班の全員の総得点数で競う。
〇月×日
日直
ツトム
ことり
こうして、おかわり権をかけた、しれつな戦いが始まった――。
負けないぞ！
オホホホホ
これからもおかわりはいただくわ！

マービィのライバル登場？

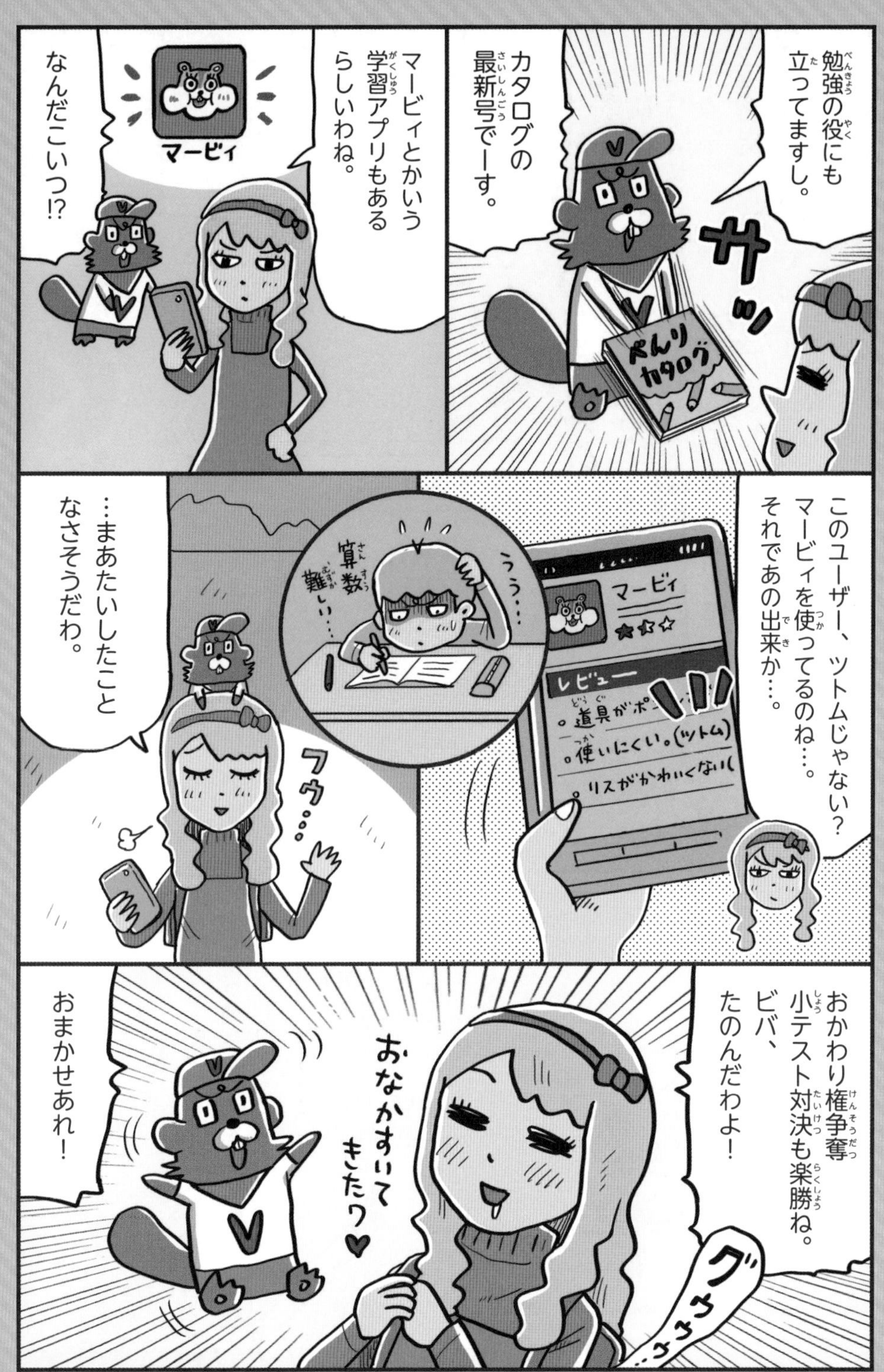
勉強の役にも立ってますし。
サッ
ぺんりカタログ
カタログの最新号でーす。
マービィ
マービィとかいう学習アプリもあるらしいわね。
なんだこいつ!?
このユーザー、ツトムじゃない?マービィを使ってるのね…。それであの出来か…。
マービィ
レビュー
道具がポンコツ
使いにくい。(ツトム)
リスがかわいくない
算数難しい…
うう…
…まあたいしたことなさそうだわ。
フウ…
おかわり権争奪小テスト対決も楽勝ね。ビバ、たのんだわよ!
グゥゥゥ…
おなかすいてきたワ♥
おまかせあれ!

書くことは全教科の基礎

宿題は、この漢字を使った文を書くこと。

『好』『飛』『栄』

ええ～ムズ～！

宿題を出した人は、漢字テストにボーナスで2点あげるよ。

やります！

こんな感じだよ。

「好」
・わたしはトンカツが大好きだ。
「飛」
・飛び上がるほどおいしいトンカツを食べたい。
「栄」
・トンカツは栄養満点ですばらしい。

おなかすいた…

グゥゥゥウゥゥ……

トンカツを使った文を作るんだっけ？

ちがうだろ。

ボーナス2点ってことは、漢字を2問まちがってもプラマイゼロ！

漢字テスト
××○○○
○○○○○
=8点
宿題=2点
合計10点！

そうか！宿題がんばろう。

今日はうちで勉強しない？

いいね！

やった♡

いちほの家
小テスト対決に向けて、がんばろーー！
いちほちゃんにデキるところを見せたい！
ウフフ♡
アツいわネ
みように張り切ってるなー？
好 6画 訓音 コウ この・む す・く 部首…女(おんなへん)
飛 9画 訓音 ヒ と・ぶ と・ばす 部首…飛(とぶ)
栄 9画 訓音 エイ さか・える 部首…木(き)
……。
えーと、エイエイオーー！は「栄栄王」？
マービィちゃん、なんか便利なの出してよ～。
今度ドングリあげるから…。
ササッ
しょうがないな～
モグ
モグ
代筆さん!!
今ならたったの1万円です！
最適な文章を代わりに書いてくれるのだ！
高っ！
そんなお金ないよ!!

勉強は順調？
漢字を使った作文ができなくて…。
お兄さん助けて～…
例えば、「好き」「飛ぶ」ってシーンをイメージしてみるといいんじゃない？
パタ
パタ
パタ
好きな人に手紙を書く！
好物のイチゴは栄養たっぷり！
空飛ぶじゅうたんに乗りたい！
えっと、えっと…。
チラッ
短い文も作れないのに、長い作文なんてもっとムリ…。
う～ん…
ど～よ～ん
お兄さん！作文って、学校を卒業したらやらなくてもいいですか？
代筆さん5000円でどう？
作文する力は一生モノだよ。他の教科の勉強にも役立つしね。

書く・作文する習慣は一生役立つ

どの教科を学ぶにも，国語の「書く力」「読む力」は必要。全教科の基礎になる力だよ。書くことは，大人になってからの仕事や生活の中で，自分の意見や気持ちを伝えるときにも役立つよ。

書く力があれば，調べたこと・わかったことを，多くの人に伝えて広めるのに役立つ。

書くことで，頭の中が整理できる。「大事なこと」や「問題点」などがはっきりする。

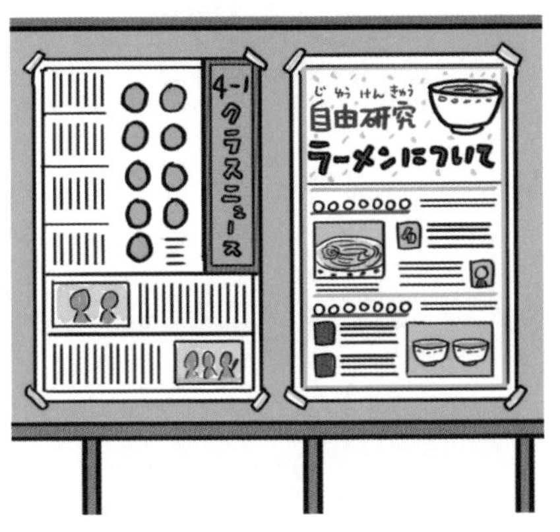

大人の日常生活や仕事でも，書く力は大切。

- **メールや手紙を書く。**
- **企画書や報告書をまとめる。**
- **発表のための資料を作成する。**

など。

楽しみながら「書く力」を身につけよう！

友だちと手紙の交換や交換日記をする。

自分でお話やマンガを作ってみる。

マンガやアニメの好きなセリフ・好きな言葉を集める。

文を作るゲームで遊ぼう！

用意するもの

一人４枚×人数分の紙，紙を入れる箱（またはふくろ）４個，筆記用具

やり方

1. 「いつ」「どこで」「だれが」「何をした」を自由に考えて，１枚ずつ紙に書く。

2. 書いたことが見えないように紙を折って，それぞれの箱に入れる。

3. 箱から１枚ずつ紙を取り出して読み上げる。紙がなくなるまで続ける。

伝わる話し方をマスター

相手に伝わるように話すには

●自分にとっては当たり前のことでも，相手（聞く人）にとってはわからなかったり，知らなかったりすることも多いんだ。

●「いつ」「どこで」「だれが」「何を」「どうする」を，省略しないで話すと伝わりやすいよ。

あれ、洗ってくれたよね？

何のこと？

省略しないで話そう！

明日、いちほちゃんの家で誕生日会があるんだ。（ぼくは）お気に入りの青いシャツを着ていきたいんだけど、洗濯してもらえますか。

よろしく♡

わかりやすいけど‼

えっ明日？もっと早く言って！

話すときは「何のために（目的）」や「なぜ（理由）」を入れると，自分の気持ちや考えが伝わりやすいよ。

わかりやすく話すくせをつけると，長い文章を読むときにも「いつ」「どこで」「だれが」「何を」「どうする」をつかみやすくなるよ。

ツトムの家

テスト返ってきたの?

う〜ん まあね…。

前よりいいんじゃない?

確かめ算をしたからかな。

7/10
割り算の問題
62÷4=15あまり2
確かめ算
15×4+2=62 OK!

あっ、この問題、答えが合ってるのに×になってる! 先生ひどい!

チラッ

問題文を声に出してもう一度、よく読んでみたら?

18mのロープと3mのロープがあります。18mのロープは3mのロープの何倍ですか?
答え 6m

18mのロープと…。

あれ? 何倍かを答えないといけないのに6mって書いちゃってた。

?

ぼくもツトムのこと笑えないけど…。
100きゅうりよう万円!?
きゅうり100円
マジすか!?
あ、きゅうり100円か…
声に出すと、よりよく理解できるから、まちがいが減るよ。
わー!
無料だから使ってみて!
なりきりマスク
俳優やアナウンサーになりきって朗読できる!
じゃあ俳優になりきってみるか。
ワクワク
満月は夕方に、東の空から出てくる。真夜中ごろ南の空で最も高くなる!そして明け方に、西の地平線にしずんでゆく…。
ええ声〜
東
南
西
理科
なぜか心にしみる…。

声に出して読むと，こんないいことがある

●だまって読むだけではわかりにくいところも，音で聞くとわかることがある。

●「読む」＋「話す」＋「聞く」で，大事なことが覚えやすい。

●勉強中にねむくなったら，音読すると目が覚める。

大事なところに線を引いたり，読み方がわからないところに「?」を入れたりする。

えんぴつを持って、
声に出しながら
手も動かしてみよう。
内容が頭に入りやすいよ。

自分が月になった気がする…。
え〜
ニュースです
次のニュースです
アナウンサーになりきって読むのもおすすめだよ。
ポイ
お母さんおやつ!!
声出したらおなか減った!
あらあら
その夜
コホコホ
風邪かしら…マスクしとこうかな。
ラララ〜♪ルルル〜♪
↑お父さんのパンツ
あら?体が勝手に…。
なんで〜??
ライララ〜♪
ルルラ〜♪
ヘイ!!
どした?
アイドルになりきってる!
なりきりすぎちゃうのがこのマスクの欠点…。
ダンスを止めて〜!!

テストが終わってからが大事

ことりの家
復習して、次は満点を取る！
目標：全問正解して
おかわりクイーンの座を防衛！
強敵！
すぐ直す！
ビバ、まちがった問題ノートに写して！
300円のアイスを4つ買って
そのうち2つは50円のトッピングをし、
転んで1つ落としたのでもう1つ
アイスを買いました。
代金はいくらですか。
(答え：300×4+50×2+300＝1600円)
はーい。
NOTE
あいつは？
もしかして…。
レビューにあった「最近出てきたアプリ」ってあれなの？
歯もきれいだし大きいし。くやし～！
レビュー
最近出てきたアプリ
サイコー！
ビバっていいよ
めっちゃかわ
歯がかわいい

テストの見直しは弱点を克服するチャンス！

×だったところは，「復習したほうがいいよ」と教えてくれているんだ。早めに見直して，○にしてしまおう。

- なぜ・どんなところでまちがえたのかを知ることで…
  ➡弱点が少しずつなくなる。

前より10点アップした！
80

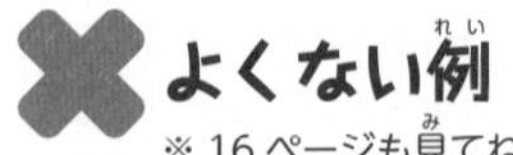

よくない例

※ 16 ページも見てね！

- 丸つけで満足し，まちがえた問題を見直さない。
  ➡弱点がずっと弱点のまま。

終わったあぁぁぁぁぁ
ダッ

問題集を解くときは，まちがえた問題にシールやふせんで目印をしておき，あまり時間がたたないうちに解き直しをしよう。

×だったところを○にできたら…

- 極太ペンで大きく丸をつける。
- 「よくできました」スタンプを押したり，シールをはったりする。
- 点数のらんに 100 点を上書きする。
- 友だちや家族に「すごい」と言ってもらう。

けっこうコツコツやってるね…。
キ
キ
秘密兵器はなかったな。
うん…。
あのビバってやつは弱そうだし…。
マービィなら、あいつに勝てる！もっと便利な道具出してよ！
わ、わかった！
そのころ、ことりは——
ピタッ
…やっとのぞき見をやめたようね。
フッ
あなたたちのことは全部お見通しよ！
ハハハハハハハハハハ
こっちからも丸見えだぞ！
スパイグラスもどき

テストを乗り切る七か条

テスト前

一、トイレに行っておくべし!

二、文房具を用意・確認するべし!

三、深呼吸するべし!

**緊張をほぐすために,
これもおすすめ**

- ストレッチをして心と体の緊張をほぐす。
- がんばったことを思い出す。
- テストが終わったあとの楽しいことを考える。

テスト中
四、名前を忘れずに書くべし！
名前
日比ツト
問1
問2
五、問題文をよく読むべし！
単位まで忘れずに書かないと！
ジュースが2Lあります。0.5L飲むと、残りは何Lですか。
大事そうなところに下線を引いたりして印をつけよう。
六、時間配分を考えるべし！
この問題は後回し！
わからない問題に時間をかけすぎない！
七、見直しをするべし！
単位は合ってるかな？
時間があれば見直ししよう。うっかりミスを減らせる！
はい、そこまで。
終わった～！
おつかれさまー。

自分に合った問題集を使いこなそう

ことりたちに負けないぞ！

もっと勉強して、ことりたちに差をつけようぜ！

よし！さっそく問題集を買いに行こう！

オー

どのくに
BOOK

問題集買うんだって？

よっ手伝おっか？

お兄ちゃん呼んじゃった。

学習書のコーナーは…。

あっ！ゴーゴーコミックの新刊出てる！

マンガコーナーあっちだぜ

美術コーナーこっちだ♥

あの…

勉強するための本を買いに来たんでしょ！

お兄ちゃんに来てもらってよかった…。

問題
コー
いっぱいあって迷うな〜。
ズラ〜ッ
これがいい！
ぶ厚くてやりがいがありそう！
難関用
チャレンジするのもいいけど、やりきれそうなものを選ぶのも大事だよ。
もうできない…
3ページしかできてない
確かに…。
難関用
算数は苦手だからこれにしとこう。
短い時間でできるドリルにしよう！
10分ドリル
やさしいさんすう
これで大金持ちや…。
フフフ…
アプリでがっつりもうける方法

問題集を最後まで解くコツ

自分に合うものを選ぶと，最後まで続けやすいよ。書店でいろいろな問題集を見てみよう。

問題集の選び方はいろいろ

得意・不得意や，レベルに合わせて選ぶ。

苦手な算数はこれ。
得意な社会はこれ。
ハイレベル社会
やさしいさんすう

自分の勉強スタイルに合うものを選ぶ。

10分なら集中できる！

たくさん解きたい人は，問題がいっぱいのっているものを選ぶ。

たくさん問題を解きたい！
ずっしり！
デカ盛り！問題集

「イラストが多い」「見やすい」など，使い勝手で選ぶ。

イラストや図が多くて説明がわかりやすそう。
ポイント

家の人と一緒に「もくじ」を見て，学校の勉強と合っているかどうかも確認しよう。

学校の教科書と合ってるね。
さんすう
問題集

問題集やるぞ！…ってことで、何かツール出して？
すぐたよろうとする～。
サッ
じゃあ、巻きもどしえんぴつ！
いいネ！
まちがった答えを書くと、書く前のところまでもどる。
6.23
+1.95
7.18
6.23
+1.95
.18
パッ
あれ、消えた。答えは教えてくれないの？
ヒントを出す機能は300円、答えを教える機能は1万円です！
金やっ
チラッ
サッ
さっきの本の効果が出てるね…。

覚えるときに使うのはアタマだけ？

お父さん何してるの？

ジムの仲間と、だれがいちばん筋肉の知識があるか競争してるんだ！

ジムの仲間たち

キレてるよ！

大胸筋 広背筋…。

へー！ぼくも勉強しよう。マービィ、何か問題出して。

この県は？

えーと…。

えーと、ボーソー筋？ソーボー筋？

大阪城があるのは？

大阪県！

牛タンが有名なのは？

仙台県…？

※正解は大阪府と宮城県

覚えられなーい!!

わー

ここは…。

マービイ、お願い♥
記憶力がよくなる
道具、ない？
サッ
お父さんは
有料ツール買って
くれるかも？
記憶ペン！
このペンで書いたことは
すべて覚えられるのだ！
これは通常価格
2万円のところ、
今だけ特別に1万円！
おお！
買った！
お買い得！
サッ
サイフ
待てい！
むだづかいやめい！
ガシ
!!
無料ツールで
お願いします…。
まったくもー
トホホ…

仕方ないなあ、じゃあ…
おぼえるダンベル
おお！
さっそく…。
けっこう重いな…
ひじを曲げる筋肉の名前は？
正解するまでダンベルを下ろせないんだ。
プル
プル
プル
ええ？先に言ってよ！えーと、上腕…二頭筋？
本州のいちばん北の県は？
がんばってねー！
お…重い！
ダンベル下ろさせてー！
プル
プル
正解!!
青森県!!
正解してるのに下ろせないんだけど!?
あれ？こわれたかも？
何してんのよアンタたち…

覚え方はいろいろ ①

目や耳を使ったり，覚えたことを説明してみるなど，暗記する方法はいろいろあるよ。自分に合う方法を探してみよう。

ビジュアル化して覚える

- 絵にかいたり，図表にまとめたりする。

耳で聞いて覚える

- 覚えることを録音して聞く。
- 音読する。

➡ 80ページも見てみよう！

夏の大三角は、こと座のベガと…。
音読することは、耳で聞いて覚えることにもなるね。
星座

体を動かしながら覚える

- 部屋の中で歩いたり，軽い運動をしながら覚える。

大阪府!! 京都府!! 三重県!!
スクワット。
地図

手を動かして書くことで、記憶が定着しやすくなるといわれているよ。
売上アップの十か条

覚え方はいろいろ ❷

まわりの人と一緒に覚えてみよう

人に説明できれば，しっかり理解して覚えられている証拠。話してみることで，覚えたことが身につきやすいよ。

友だちに説明してみる

問題を出し合いっこする

※あと２つあるよ。鹿児島県・群馬県

暗記するために集中できる場所を探してみるのもいいね！

国語が得意になるヒント

「あいうえお作文」で自己紹介

「あいうえお作文」のように，自分の名前の文字から始まる自己紹介の文を作ってみよう。友だちを紹介する文を作ったり，どんなものができたか比べっこするのもいいね。

ひる休みはドッジボール派
びびりなところも，ちょっとある
つらいのは，早起き
ともだちと遊ぶのが大好き
むりせずマイペースがモットー
…の，**日比ツトム**です！

ひとと同じじゃつまらない
ねこと犬ならねこ派です
くいしんぼうなんです，実は
らくがき大好き，お絵かき大好き
らくだに乗って旅してみたい
…そんな私は**氷根くらら**♪

こんな力がつく！
- 語彙力（言葉を知り，使いこなせる力）が身につく
- 考えや気持ちを適切な言葉にできる

マービィはどこへ…？

チャラポン
ひみつきち
合言葉を言え!!
ツトムの先週のツールの利用は…。
売上報告会議
ずいぶんツールを出してるけど、有料ツールはゼロだな。
ツールのバグの報告も受けてないぞ。
そうでしたっけ？
ずいっ
故障したツールを出してみ。
りょ、了解！
モゴ
モゴ
モゴ
あれ?? おかしいな…。
ポイ
ポイ
ポイ
マービィカタログ
DVD
マービィ、全然ダメじゃん！
しばらくメンテナンスするぞっ！
DVD
マービィカタログ
マービィテキスト

その間に、この研修、受けてきて！
セールストーク研修
○月○日～
ええー!?
研修施設
ツトム、心配してるだろうな。
ツトムの家
おーい！マービィ！
どこ～？
ごはんだよ～
マービィはメンテナンス中…
しばらくおまちください
何これ??
マービィがいなくなっちゃったんだ…。
アプリの評価が悪いからクビになったのかな？
マービィ…。
大丈夫かな…。

つかれたときは休むことも大切

ねむいときやつかれているときに勉強しても，集中できないことが多いんだ。たまには休むことや遊ぶことも大切だよ。

● 思う存分好きなことをしたり，軽い運動で気分を変えよう。

● どんなことよりも健康が大事！　栄養や睡眠をしっかりとって，規則正しい生活をしよう。

くらら画伯の挑戦！

あこがれの100色絵の具セット！
絵画コンクール
優勝者はもらえる！絵の具セット！
おうぶん公園
絵のモデルになって！
いいよ!!
絵のモデルになって！
モデル？照れるなあ～。
たまたま通りかかった
これ着て!!
これ持って!!
あの…いつまでやれば…。
何してんの～？
ガャ ガャ
まだまだよ!!
テーマは森の精霊たち！

3章

ぴったりがあるかな？タイプ別の勉強法

どうすれば勉強をがんばれる？

テスト中

ん？

に答えよ。
食べすぎてくるしい。〔苦しい〕
2ぎんいろのスプーン。〔マービィ〕
3おきゃく様にごちそうする。〔どこ〕

3位か〜。

第2回
小テスト結果
1位　ルカ班
2位　○○○班
3位　ツトム班
4位　○○○班
5位　ことり班
6位　○○○班
7位　○○○班
8位　○○○班

ことり班には勝ったけど…。マービィのことが心配で、テストに集中できなかったよ。

ガーン

5位!?

私も…

成績が上がれば、マービィはもどってくるかな？

きっとそうだよ！

でも、一人でどうやって勉強したら…。

ただいまー。
お母さん、相談が…。って、どうしたの？
はぁぁ〜…
新しい料理に挑戦したら失敗しちゃった…。
お魚の処理って苦手なのよね。
ボロッ
魚がダメなら肉がある！
バッ
立ち直りはやっ！
ところで相談って？
うん…。マービィがいないと勉強のやり方わからなくて…。
勉強法に、たった1つの正解なんてないんじゃない？
キラ〜ン
自分に合う方法を探すといいかも。料理と同じね！
そうか！
これ意外とうまいよ？
もぐもぐ

どんな勉強法が合っている？

好ききらいや性格・タイプによって，合う勉強法はちがうよ。自分に合う方法を見つけていこう。

性格　コツコツが得意か・短期集中が得意か，など。

1年生から毎日、日記つけてるの。
すごーい！

コツコツ型 ➡ 135 ページへ

しめ切りギリギリになるほど燃える！
サボってただけだろ…。

短期集中型 ➡ 118 ページへ

得意なこと・好きなこと　書いて覚えるのが得意・耳から聞いたことが記憶に残りやすい・映像を見て覚えるのが好き，など。

いつの間に覚えたの？
K-POP

絵にかくと頭に入りやすい！
人のからだ

好きなことを勉強に生かす ➡ 129 ページへ

宿題
宿題のない国に行きたい…。
それは最高だね…。

そもそも勉強があまり好きではない・なかなかやる気が出ない
➡ 112 ページへ

5位とは何事!?
1 食べすぎてくるしい。「苦しい」
2 ぎんいろのスプーン。「銀色」
3 おきゃく様にごちそうする。「客」
4 メニューをけんきゅうする。「 」
解答らんをまちがえちゃって。
1個ずれて書いちゃった。
解答らんをよく確かめよう
サッ
ことりの家
ツトム班に負けるなんて!ビバ、しっかりしてよ!
わー
キー!
待って、これ見てくだひゃい…。
ギュム〜
!?
マービィはメンテナンス中…
しばらくおまちください
16:00
これはチャンスよ!あいつがいないうちに、首位奪還するわよ!
オー!!
助かった…。
ヒリヒリ…

ことりの将来の夢は？

ことりって、ホントよく食べるよね〜。
人をただの食いしんぼうみたいに言わないでちょうだい！
すべては給食の研究のためよっ。
はじまりは1年生のとき——
キーンコーン
カーンコーン
なんておいしいの！
給食サイコー！
給食ノート↓
○月○日
(パン・シチュー・みかん)
みかんがおいしかった！
給食ノートを書き続けるうちに——
からあげ
とり肉…タンパク質
むね肉はあぶらが少なく
さっぱり。
おかわり10個いける。
ナポリタン
たまねぎ・ピーマン・
ソーセージをいため、
ケチャップで味つけ。
うますぎる!!

理想の給食メニューまで考えるように。
おいしそ～
チョコまみれ揚げパン
10段バーガー
ぎょうざカレー
将来は調理師か栄養士になって、究極の給食メニューを作るのが夢！
そして大人になっても給食食べたい！
…だから、たくさん食べて、味の研究をしてるってわけ。
フムフム。
おかわり対決も勝つわ！
…ってことで、おかわり！
サッ
4はい目よ!?
↗お母さん
食いしんぼうなのはまちがいナシ…！

好きで苦手をはさもう！

ツトムの家

いつものキミだね…。

ボ〜

早くツトムのところにもどれるようにがんばるよ…。

うう…。

そういえば、ツトムのお母さんのサンドイッチおいしかったな…。

キムチ入りよ♥

ンマ〜イ

ん？　だれ？

カタッ

何これ？？

←ドングリ

お父さーん、外にサンドって文字が…。
宇宙人のメッセージかな？
な、何してるの？
はっ
ほっ
いっちに
はっ
いっちに
仕事関係の試験があるんだよ。
試験勉強、ツライなあ。
そんなときは…。
苦手なものを好きなものにはさみこむ！
○○資格1級
科目A 好き …やる気を出す
科目B 苦手 …やる気が出たらやる
科目A 好き …つかれたら好きなものにもどる
サンドイッチすると取り組みやすい！
ふんっ
スパーン
サンド!! 天からのメッセージだったのか。
勉強法のアドバイスいただきましたっ！
ダダッ
?
なんだったんだ？

ツトムタイプのおすすめ勉強法

「勉強全般があまり好きではない」「集中できない・やる気が起きないことが多い」人向けの勉強法を紹介するよ。

サンドイッチ作戦

- 好き・得意な教科と，きらい・苦手な教科にバランスよく取り組むためのやり方。
- 時間を決めておくと，切りかえがしやすいよ。

好きで苦手をサンド!!
国語
算数
社会

ごほうび作戦

- 決めたところまで終わったらアイスを食べるなど，好きな食べものをごほうびにしてがんばる。
- その日の勉強が終わったら，マンガを読むなど好きなことをしていいことにする。

試験勉強がんばれたから、ごほうびスイーツ♥
アイス

だれかと一緒にがんばる作戦

- 好きな人の近くで勉強する
  ➡いいところを見せるためにがんばれる！
- がんばっている人のとなりで勉強する
  ➡モチベーションが上がる！

キリッ
どしたの?

苦手な算数を、好きな社会と国語でサンドしよう！
社会15分
算数15分
国語15分
キッチンタイマー
10分後
マア…
ミラクル起きた！
キラ〜ン
ことりの家
そのころ、ことりは――
モヤ〜ン
勉強してる…。マービィもいないのに？
なぜ…
ナヌ？
こうしちゃいられん！
ゴニョ ゴニョ
ゴニョ
？
フフフ…。

出かける先がどんな場所か調べよう

ツトムのお父さんが出張することになったよ。行き先はどんなところかな？　ツトムと一緒に調べてみよう。おうちの人の出張先や，旅行先について調べてみるのもいいね。

北海道へ出張だ！

地理　北海道ってどんなところ？

どうやって行く？

飛行機で東京から1時間半か。交通費は…。
う〜〜ん

どんな気候？

札幌の冬の気温は氷点下！
寒いっ!!

名物や特産品は？どんな産業が盛んなのかな？

北海道は水産業や農業が盛んなのか。
おみやげは夕張メロンがいいな…。
ミルク

歴史　北海道の歴史や，ゆかりのある人物は？

クラーク博士

明治時代に北海道開拓の指導者を育てるため，「札幌農学校（現北海道大学）」の教頭として招かれた。

五稜郭

海からの大砲攻撃を防ぐために築かれた，西洋式・星形の城郭。幕末の戦いの舞台となった。

アイヌ民族

北海道の先住民族。あらゆるものに神が宿るとし，豊かな自然に敬意をはらう独自の文化と言葉を持つ。

伊能忠敬

江戸時代に日本中を歩いて，初めて実測で地図を作った。北海道最初の測量地・函館山に記念碑がある。

こんな力がつく！

- 地図が読める　●都道府県の場所がわかる
- 各地の自然・文化・歴史などについての知識を得ることができる

短時間集中で勉強したい！

はじめの家

倍速で見よう。

タイパ、タイパ（※）…。

▶▶倍速

※48ページ参照。

小4 算数

これ、ことりが使ってるやつだ。

キミの勉強をビバッとサポート！
学習アプリ「ビバ」

ぴょーん

ビバッとキャンペーン中！
便利なツールが今なら無料！

これなんかおすすめ！

ポイ

ポイ

勉

親が近づいたら教えてくれる
親アラーム

着れば勉強しているように見える
サボリスーツ

使わせて～♥
キラ～ン
ひっかかった…。
勉強してるわね！
ニャ？
んま～
はじめのお母さん
マンガ
まずい！
何かメッセージを！
ニャ？
その夜――
宿題終わってないんだけど！ビバのせいだ！
勉
ん？
5ふんがんばれ
ニャ～

はじめタイプのおすすめ勉強法

「あきっぽい」「コスパ・タイパ重視」「新しいもの好き」な人向けの勉強法を紹介するよ。

タイムリミット作戦

限られた時間で取り組むことで，集中力を上げる。

- 集中できそうな時間に合わせて，タイマーなどをセットする。
- 家の人に「今から○時まで勉強する！」と宣言するのでもOK。

●早く終わらせることが目的ではないよ。勉強の中身が身についているかは要確認！

●「1日1ページ教科書を音読する」など，決めたことを毎日続けることにトライするのもいいね。

最新ツールを活用！作戦

- 興味のある勉強ツールを活用してみる。
- 学習動画や学習アプリを活用する，ネットで情報を調べる，など。

こんなところで勉強？作戦

- 机に向かってする勉強以外の方法も取り入れてみる。
- お風呂・トイレの中に勉強に関するものをはる，テレビの CM 中に何かを覚える，散歩しながら覚えたことを思い出す，など。

他のアプリも研究しないとな。
フム…
ん？ このビバってアプリの便利ツール…。
ビバ
レビュー
うちのツールに似てるぞ？
マービィ
レビュー
パクったのか!? ゆるさーん!!
ゴウ

がんばる日々（ひび）

朝（あさ）

マービィ

目覚（めざ）ましになってツトムを起（お）こす！

ビバ

健康（けんこう）を考（かんが）えた朝食（ちょうしょく）を作（つく）る！

カルシウムたっぷり朝（あさ）ごはんだよ。
ふわあああ…
おはよ〜
はいっ

歯（は）をきたえるために、トーストもカリカリに焼（や）いたよ！
固（かた）っ！
かめない…
ガリ

マービィとビバの

夜

お風呂の中でも勉強を応援！

早寝早起きをサポート！

まねをすることも学ぶこと

ここは学習アプリ ビバの開発会社。

ボス！ ボス～～！

ビバをつくった人・館ヶ江テル

※『学校では教えてくれない大切なこと16 考える力の育て方』に出てくるよ。

考える力の育て方

ボス！ 絶好調です！

そうか！

マービィはずっとメンテナンス中だし！

なに？ バージョンアップか？

16:00

マービィはメンテナンス中…

しばらくおまちください

いや、きっとトラブってるだけ…。

社長はどこだーー！

？

出てこーい！

チャラポンさん!?
うちのツールのまねしただろ!
あれもこれも、そっくりじゃないか!
しかも、そっちのほうがいい出来じゃないか!
く~
実は…ぼく、チャラポンさんとマービィの大ファンなんです!
え…?
大好きなので研究させていただきました。
「整理整頓ルーム」の改善点
・小型化
・カレンダーとリンク
・リマインダー機能
オリジナルの機能もうかんできて…。
なりきりマスク
なりきりスーツ
あこがれの人になれる
ひらめき
100パーセント!
…開発したものをビバのツールにしたんです。
ビバ!!

まねをすることで学べる

学ぶことは，まねをすることから始まるともいわれるよ。芸術やスポーツも，まずは上手な人のまねをする練習から始めることが多いよね。「こうなりたい」と思う人のまねをすると，自分の学びや成長につながるよ。

どんな人のどんなところをまねしたいかな？

授業の受け方

机まわりの整頓の仕方

ノートの取り方

➡ 38 ページも見てみよう。

まねをしたい人のどんなところが好きか，どんなところをまねしたいか，口に出して言ってみよう。

まねをして上手にできるようになると，その先に自分のオリジナルのやり方を見つけていけるよ。

注意

ほかの人の文章や作品をコピーして，自分のものとして発表するのはNG！ 自分で考えたり工夫したりすることがないと，学びにはならないよ。

好きなことを勉強に生かそう

オホホホホホ

第3回 小テスト結果
1. ことり班
2. こよみ班
3. ツトム班
4. こうしろう班
5. さちこ班
6.
7.
8. ルカ班

オホホホホホ

点数ってすぐには上がらないね…。

やっぱりマービィがいないと…。

トホホホ…

おうぶん公園

あーあ、1日中絵だけかいていたい…。

ピョコ

すばらしい絵だ！ 私と一緒にお絵かきしませんか。

サッ

あやしい…。あの歯には見覚えが…。

歯は

だれ？

おたがいの似顔絵をかきましょう！
いいけど…。
できました！
こ、これは…
給食の野菜サラダ
をおかわりするくらら
天才だ!!
給
菜
フフフ…
まちがった漢字を教えちゃえ！
漢字がなんか変…。あ、まちがい探しクイズね？
え…そうじゃなくて…
「給」の線が1本足りない！こっちは「くさかんむり」で「菜」のはず！
アラ、気づいた？
ビシッ

「くさかんむり」って草が生えているところに似てるのよねー。
やあ、くららちゃん！
あ！ラーメン屋の大将！
大きなくるりんで、体に、しっぽが犬！
1年のとき、そうやって覚えたんだった。
いぬ
犬
絵を使えば面白くなるね！
よ…よかったね!!
しまった、なぜか役に立っちゃった！
そのころ、ことり班は──
ことり班勉強合宿
ひ〜〜〜!!
空気イス
正解するまですわれないからね！
最後は根性よ!!
ビバ、ちゃんとやってるかしら？

くららタイプのおすすめ勉強法

絵や音楽などが好きな人向けの勉強法を紹介するよ。

「好き」「得意」を生かす勉強法

絵が得意な人

- 知識を図にかいて整理してみる。
- 植物や天体の観察絵日記をつけてみる。

音楽が好きな人

- 暗記したいことを，かえ歌にして覚える。
- 覚えたいことを録音して聞いてみる。

写真が好きな人

- とった写真の内容を説明する文章を書いてみよう。

そのほか，興味のあることと勉強を結びつけてみよう！

例）お手伝い料金表を作り，かせいだお金の計算をする。➡**算数の勉強になる。**

理科が得意になるヒント

マイ・ツリーを観察しよう

通学路にある木の中から「マイ・ツリー（自分の木）」を決めて，1年間見守ってみよう。どんなふうに変化するか観察し，記録してみよう。

・木の名前や特徴などを調べてみよう。
・観察記録をつけてみよう。

こんな力がつく！

●観察する　●記録する　●わからないことを調べる
●木や植物の不思議に気づく

英語が得意になるヒント

英語を探してみよう

毎日話したり読んだりしている言葉の中には，外国語からきた言葉（外来語）がたくさんある。特に，英語はたくさん取り入れられているよ。気づかないうちに，英語をいっぱい使っているんだね。ふだん使っている言葉の中から，英語を探してみよう。

こんな力がつく！

- 英語の表現を知る
- 英語を使うことに慣れる

コツコツのパワーはすごい!

ことりのへや

ナヌ?

くららは、だんだん漢字の力をつけてるよ!

ぼくが絵と勉強を結びつけちゃって…。

フムフム…

でも、いちばんのライバルは、いちほね。

分析表

くらら	集中力	△
はじめ	集中力	△
いちほ	集中力	

何か弱点があるはずよ! ちょっとのぞいてみよう。

パアァ

あら? どうした? なんか落ちこんでるわ。

?

どんより…

100点取れたはずなのに…。

95

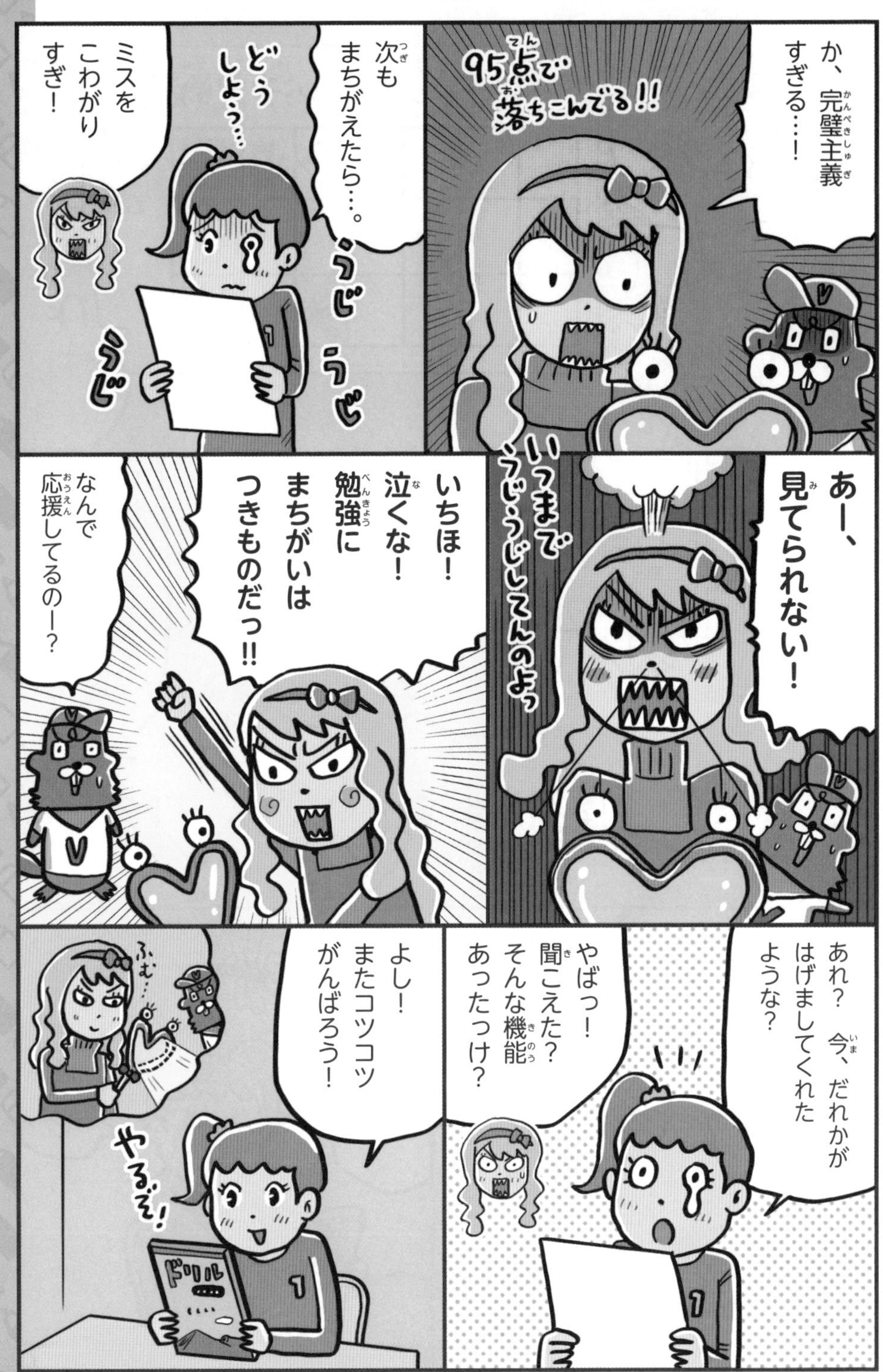

か、すぎる…完璧主義！
95点で落ちこんでる!!
次もまちがえたら…。
どうしよう…
うじうじうじ
ミスをこわがりすぎ！
あー、見てられない！
いつまでうじうじしてんのよっ
いちほ！泣くな！勉強にまちがいはつきものだっ!!
なんで応援してるのー？
あれ？今、だれかがはげましてくれたような？
やばっ！聞こえた？そんな機能あったっけ？
よし！またコツコツがんばろう！
ふむ…
やるぞ！
ドリル

虫チャンピオン決定戦!!
クワガタ(算数ドリル)
オニヤンマ(漢字ドリル)
カマキリ(理科ドリル)
折り紙
これは…!ドリルを虫に見立てて競わせている?
これがやる気のもとなのね…。
なんで虫?
まちがえた数が多いとスタートにもどらなきゃいけないから大変!
ニャ〜〜
スタートにはネコがいて虫が食べられちゃうし〜。
独自ルールだよ
たのまれてた昆虫の折り紙折ったぞー。
ありがとう!!
さ、ドリルやろう。
今の1位は漢字のオニヤンマ!
ドリル
終わったら虫の動画を見ようっと♪
やば…やる気出しちゃった…。
いちほ…やっぱりあなどれない!

いちほタイプのおすすめ勉強法

「コツコツが得意」「完璧主義で結果を気にしすぎる」人向けの勉強法を紹介するよ。

何かをコツコツ続けられることは，すごい才能。それを生かし，少しずつ積み上げる勉強法を続けよう。

続けていることの記録をつけて目に見える形にすると，自信につながりやすい。

ステップアップ！

問題集やテストでできなかったところを，ピンポイントで復習しよう（専用のノートを作るなど）。より効率的に勉強できるよ。

できなくても気にしすぎずに，次に生かせばOK。まちがうことにも慣れるといいわよ！

自分がやってきたことを信じよう

日曜日

図書館

明日は最後の小テスト…。

ラストスパートだ!

オー

バリ バリ バリ バリ

カァカァ

みんながんばったよな。

やり切ったわよね!

よくわからないけどダッシュだ!!

バッ

明日のテストで1位になれますように!

全力を出しきれますように!

マービィ…。

見ててね

じゃあね！
気をつけてねー。
ただいまー。
明日の運勢悪っ！
明日の占いランキング
12位 しし座
へ～…
しし座→
不安になってきた。徹夜で勉強しようかな…。
睡眠は大事だぞ！
体調を整えてリラックスするのよ！
夕食はお父さんが作ったタンパク質たっぷりメニューだ。
お、おいしそー？
筋肉つきそう…。
・大豆とひじきの煮物
・ササミの梅しそ巻き
・デザート プロテイン（いちご味）
・豆腐とブロッコリーの味噌汁
芸術…。
超お買い得…。
安い！ ¥500！
ヘラクレスオオカブト…。
マービィ…。

キーンコーンカーンコーン
自分を信じてがんばろう！
チャラポンのオフィス
ウェイ
ウェーイ
完成したぞ！最新&最強&最高のツールが！
アプリを復活だ！メンテナンス解除！テル、見てろよ！
ちゃらぽんぴーんとな…
ポチ
メンテナンス解除
マービィ、ジャンジャン売ってきてね！歯も大きくしたしね！セールストークもみがいたし！
よっこらしょっと…。
任せといて！

自分に自信を持とう

がんばった分が「できる」につながる。自信を持っていこう。

❶がんばった自分を信じて，まわりの人にもたくさんほめてもらおう。

❷思ったような結果が出なくても，トライした自分に合格点をあげよう。

❸がんばれない日があってもいい。つかれたら，休むことも大事。

❹やる気が出なくなったら，何か気分が上がることをしてみよう。

自分に合うやり方で，楽しく勉強できるといいね！

結果発表
1. ことり班
2. ツトム班
3. こよみ班
4. こうしろう班
5. さちこ班
6. タツオ班
7.
8.
オホホホホホ
やったわ！明日から1か月間、おかわりは私たちのもの！
頂点
……。
負けちゃった…。
1か月間、おかわりなしか…。
朝ごはんを倍食べよう…。
まあまあ…
ん？あれなんだ？
どろぼう？
フワ
フワ
マービィ!!
くるっ
どこ行ってたんだよ〜。
いやあ、ボスの命令で研修に行かされて…。
痛いっ
ガブッ
アプリも復活してる！

小テスト対決、負けちゃったんだ。
2位だったんだ。くやしー！
でも、みんな成長したよ。
前はあんなだったのに…
ギャハハハ
ギャハハハ
んが〜
みんな、自分なりの勉強法でがんばってたよね。全部見てたよ！
…
勉強動画
え〜っと この漢字は…
いただき！
ャンピオン決定戦!!
できたー

がんばってるみんなに、最新&最強&最高のツールを持ってきたよ！
ゴソ
ゴソ
ジャーン！暗記スリッパー！
ANKI
ANKI
足のツボを刺激して記憶力をアップさせる(?)のだ！
居眠り防止キャンディーー！
後味最悪！苦さが1年
居眠り防止
キャンディ
めがさめる！
まちがえるとのろわれるドリル！
ドリル
呪
しーーーん
……。
「宿題すいとる掃除機」とか～
「テストの点数ましましペン」とか～
「先生の頭の中1日レンタルチケット」とか～
そーゆーのないの??

ピカー
くそ、新ツールも空ぶりか…。
あの子らに負けてられん…。
チャラポンさんの新しいツール、いい…❤
また研究させていただきます!
あら大将、勉強中?
らっしゃい!
店のために勉強し始めたら、結構面白くて!
韓国語メニューなら私に任せてね。
体にいいラーメンの開発ならぼくにも聞いて。栄養も学んでる!

翌日
今日はカレー！
デザートはみかん！
おかわり最高！
オホホホホ
バッ
いいなあ～。
カレーもっと
食べたい！
あんたたちも
よくやった
じゃない！
みかん、どう？
オホホ
え、いいの？
意外と
いいとこある…
って皮だけ
かーい！
オホホホホ
オホホホホ
次の対決は
絶対勝――っ！
そして…
ぺろ～ん
おかわりを
ゲットする！
ちゃんと
勉強しろよ～
おかわり自由！